总 策 划：许　琳

总 监 制：夏建辉　王君校

监　　制：韩　晖　张彤辉　顾　蕾　刘根芹

主　　编：吴中伟

编　　者：吴中伟　吴叔平　高顺全　吴金利

修　　订：吴中伟

顾　　问：陶黎铭　陈光磊

Dāngdài Zhōngwén

当代中文
修订版

Contemporary Chinese
Revised Edition

Liànxícè

练习册
2

EXERCISE BOOK
Volume Two

主　　编：吴中伟

编　　者：吴中伟　吴叔平
　　　　　高顺全　吴金利

翻　　译：徐　蔚
　　　　　Yvonne L. Walls　Jan W. Walls

译文审校：Jerry Schmidt

华语教学出版社
SINOLINGUA

First Edition 2003

Revised Edition 2014

Third Printing 2017

ISBN 978-7-5138-0732-6

Copyright 2014 by Confucius Institute Headquarters (Hanban)

Published by Sinolingua Co., Ltd

24 Baiwanzhuang Road, Beijing 100037, China

Tel: (86)10-68320585, 68997826

Fax: (86)10-68997826, 68326333

http://www.sinolingua.com.cn

E-mail: hyjx@sinolingua.com.cn

Facebook: www.facebook.com/sinolingua

Printed by Beijing Zhongke Printing Co., Ltd

Printed in the People's Republic of China

Mùlù 目录 Contents

Unit 1

Nǐ Dēngguo Chángchéng Ma?

你登过 长城 吗？

Have You Ever Climbed the Great Wall?

 练习一

1. 朗读下列词语
Read the following phrases aloud.

养花儿　　养动物　　养狗　　养猫　　养鸟　　养鱼

有麻烦　　很麻烦　　太麻烦了　　麻烦你了

有的人　　有的东西　　有的地方　　有的时候

对他很熟悉　　　　对这个字不熟悉　　　　对这些地方不熟悉

有时间　　没有时间　　多长时间 / 多少时间　　时间很长　　时间还早

我自己　　他自己　　我们自己　　自己的事儿 自己的钱

2. 替换练习
Substitution drills.

（1）我以前养过花儿。

狗	猫
鸟	鱼

（2）以前不可以养狗，现在可以了。

知道
会说汉语
喜欢打球
戴眼镜

（3）听说，你要去北京了？

去中国旅行
办公司
换工作

（4）要是你想去的话，我陪你一起去。

想拍照 …… 可以帮你拍
明天有空儿 …… 请你吃饭
没有地图 …… 给你一张

（5）你得给我买飞机票。

告诉我怎么走
给家里打个电话
问问别人

3. 用所给的词填空
Fill in the blanks with the given words.

办　熟悉　登　拍

（1）公司让我去那儿_____点儿事。

（2）能不能请您给我们_____一张照片？

（3）他喜欢_____山。

（4）他对中国很_____。

　　　　件　张　个　只

（5）我想买一_____到北京的飞机票。

（6）今天晚上我要办两_____事儿。

（7）那_____地方我没去过。

（8）他家以前养过一_____猫。

4. 用"没（……）V. 过（Obj. ）"完成下面的对话

Complete the following dialogues with the "没（...）V. 过（Obj. ）" pattern.

（1）那家饭店的菜好吃吗？

　　不知道。我_____（在那儿吃）

（2）这个字你认识吗？

　　不认识。我们_____（学）

（3）他现在在北京还是在上海？

　　不知道。他去中国以后，_____（给我打电话），也_____（给

　　我发电子邮件）

5. 用"……了"完成句子，表示情况的变化

Complete the sentences with "... 了" to denote a change of situation.

（1）我以前不会说汉语，现在_____。

（2）那儿的东西以前很便宜，现在_____。

（3）他以前非常爱他的太太，现在_____。

（4）这个城市以前没有地铁，现在_____。

6. 把下列句子翻译成中文

Translate the sentences into Chinese.

（1）Now I don't like it any more.

（2）I haven't been there before.

（3）It is said that he will go to Beijing next month.

（4）I'll go with you if I have time.

（5）Some people like raising dogs; some like raising birds; some like raising fish.

练习二

下面是几段对话，在听到前一个人说的话以后，请你为后一个人选择一个恰当的回答。

For each conversation, choose an appropriate answer for the second person after you have listened to what the first person says.

（1）A. 以前养过。

　　 B. 我家两口人。

　　 C. 鸟儿很有意思。

（2）A. 我不认识这些动物。

　　 B. 他喜欢养小动物。

　　 C. 我对这儿不熟悉。

（3）A. 怎么没去过？

B. 我不想去了。

C. 那儿不太长。

（4）A: 你去北京干什么？

B: 坐飞机还是坐汽车？

C: 你要什么时候的？

（5）A. 很麻烦。

B. 没关系。

C. 谢谢你！

（6）A. 欢迎你去。

B. 你陪我去吧。

C. 你家远不远？

（7）A. 这本词典很好，很有用。

B. 对不起，我现在没有时间。

C. 对不起，我自己要用。

（8）A. 你找谁？

B. 当然可以。

C. 你要哪张？

 练习三

1. 互相问答
Question and answer drill with your classmates.

（1）你以前最喜欢什么？现在呢？

（2）你去过哪些地方？还想再去吗？为什么？

2. 说一说你的爱好。
Talk about a hobby of yours.

 练习四

Read the following passage and answer the questions that follow.

> 我喜欢旅行，但是去过的地方不多。我没去过中国，也没登过长城。我早就听说过中国的长城，听说过"不到长城非好汉"这句话，很想去登一登长城，做一个"好汉"。我上大学的时候，每年放假以后，有很多时间。但是，那时候我没有很多钱，我得打工挣钱，所以不能去旅行。现在，我工作了，有钱了，但是，我没有时间了，还是不能去。真是太遗憾了！

回答问题：

Answer the questions.

1. 他去过北京吗？

   Has the narrator been to Beijing?

2. 他知道长城吗？

   Has the narrator heard of the Great Wall?

3. 他想不想去中国？

   Does the narrator want to go to China?

4. 他为什么一直没去？

   Why didn't the narrator go the China?

 练习五

Write a short paragraph about a hobby of yours.

Supplementary Words

动物园	(N.)	dòngwùyuán	zoo
句	(M.W.)	jù	sentence
话	(N.)	huà	words, speech
挣钱	(V.O.)	zhèng qián	earn money
一直	(Adv.)	yìzhí	continuously, always; all along
遗憾	(Adj.)	yíhàn	regrettable
爱好	(N., V.)	àihào	hobby; be fond of

Unit 2

Dàjiā Dōu Lái Le Ma?

大家 都 来 了 吗?

Is Everyone Here?

 练习一

1. 朗读下列词语
Read the following phrases aloud.

已经来了　　已经到了　　已经知道了　　已经放假了　　已经休息了

还在学习　　还想买一点儿　　还没到　　还没工作　　还不知道

很可能　　不可能　　有可能　　可能知道　　可能不去　　不可能去

睡睡觉　　睡过觉　　睡了一觉　　睡个好觉

说完　　吃完　　喝完　　学完　　看完　　做完　　用完　　卖完

错了　　说错了　　写错了　　做错了　　走错了

肚子疼　　上厕所　　去医院　　看病　　看医生

2. 替换练习
Substitution drills.

（1）他现在不在家，他去医院了。

朋友家	商店
公司	学校

（2）A: 大家都<u>来</u>了没有？

B: 王英没<u>来</u>，别的同学都<u>来</u>了。

到	去
写	看

（3）A: 今天早上你吃了什么？

B: 今天早上我吃了<u>几片面包</u>。

一个水果	一个面包
两个鸡蛋	两个包子
一碗米饭	一碗面条

（4）A: 你想，现在她在干什么？

B: 现在她可能正在<u>吃早饭</u>。

睡觉	看书
看电视	喝咖啡

（5）A: 你是不是<u>吃了不干净的东西</u>？

B: 这怎么可能呢？

昨天上午没去上课
在那家店里买过衣服
不会骑自行车

3. 用所给的词填空
Fill in the blanks with the given words.

新鲜　干净　着急　舒服　疼

（1）这个城市的马路非常＿＿＿＿＿＿＿＿。

（2）他等了十分钟，菜还没来，他有点儿＿＿＿＿＿＿＿＿了。

（3）昨天晚上没好好儿睡觉，今天有点儿头＿＿＿＿＿＿＿＿。

（4）你哪儿不＿＿＿＿＿＿＿＿？头疼还是肚子疼？

（5）这个面包是上个星期的，不＿＿＿＿＿＿＿＿。

4. 连词成句
Make a sentence by placing the given words in the correct order.

（1）他　起床　了　已经　肯定

（2）我　说　没　还　完

（3）你　进出口公司　在　工作　是不是

（4）他　吃晚饭　的　每天　在　饭店　学校旁边

（5）我　给我朋友　昨天　打　一个　电话　了

5. 把下列句子翻译成中文

Translate the sentences into Chinese.

（1）He is having his breakfast right now.

（2）I bought a red shirt yesterday.

（3）The bus hasn't come yet.

（4）I get up at six o'clock every day.

（5）She feels a bit uncomfortable.

练习二

Listen to each conversation, then choose an appropriate answer to each question.

（1）A. 在医院   B. 在商店   C. 在饭店

（2）A. 往里走   B. 往左拐   C. 往右拐

（3）A. 他病了

     B. 他是医生

     C. 他朋友病了

（4）A. 他要去吃晚饭

     B. 他还没吃早饭

     C. 他刚刚吃完早饭

（5）A. 因为这些水果不新鲜，所以不要钱。

B. 要是这些水果不新鲜的话，他就不要钱。

C. 这些水果很新鲜，但是他想请客，所以不要钱。

（6）A. 小王说过他想跟他们一起去。

B. 他们还要等一等小王。

C. 小王肯定已经去那儿了。

（7）A. 面包、牛肉和鱼

B. 面条、米饭和衣服

C. 面包、牛奶、鱼和肉

练习三

1. 看图，说一说他在干什么。

Look at each picture and tell what the people are doing.

(1)

(2)

(3)

(4)

(5)

2. 互相问答

Question and answer drill with your classmates.

（1）同学们都来了吗？

（2）你昨天晚上学习汉语了没有？

（3）你昨天干什么了？

（4）昨天这个时候，你在干什么？

（5）明天这个时候，你大概在干什么？

 练习四

Read the passage and answer the questions.

请假条

金老师：

　　我感冒了，身体不舒服，头疼，咳嗽，还有点儿发烧。昨天下午我去医院看了医生。医生说，我得吃药，还得打针。医生告诉我，感冒以后，要多喝水，多睡觉。他让我休息两天。所以，今天和明天我不能上课了。对不起！

王英

1 月 20 日

请假条

金老师：

　　我感冒了，身体不舒服，头疼，咳嗽，还有点儿发烧。昨天下午我去医院看了医生。医生说，我得吃药，还得打针。医生告诉我，感冒以后，要多喝水，多睡觉。他让我休息两天。所以，今天和明天我不能上课了。对不起！

王英

1月20日

回答问题：

Answer the questions.

1. 王英今天怎么啦？

   How is Wang Ying today?

2. 她去过医院没有？

   Has she been to the hospital?

3. 医生让她休息几天？

   How many days does the doctor ask her to rest?

练习五

Write a note requesting a leave of absence.

Supplementary Words

水果	(N.)	shuǐguǒ	fruit
鸡蛋	(N.)	jīdàn	chicken egg
包子	(N.)	bāozi	steamed stuffed bun
碗	(N.)	wǎn	bowl
面条	(N.)	miàntiáo	noodles
感冒	(V.)	gǎnmào	catch cold
身体	(N.)	shēntǐ	body, health
咳嗽	(V.)	késou	cough
发烧	(V.)	fāshāo	have a fever
打针	(V.O.)	dǎ zhēn	give/get an injection
请假条	(N.)	qǐngjiàtiáo	written request for a leave of absence

Unit 3

Tāmen Shì Shénme Shíhòu Lái De?

他们 是 什么 时候 来的?

When Did They Arrive?

1. 朗读下列词语
Read the following phrases aloud.

坐火车　　坐飞机　　坐汽车

中国历史　　中国文化　　中国经济

参观博物馆　　参观一个学校　　参观一个公司

做生意　　谈生意　　生意不错　　生意很好

对动物有兴趣　　对动物没有兴趣　　对动物很感兴趣

新书　　新学校　　新老师　　新学生　　新汽车　　新衣服

跟他借一本词典　　借一本词典给他　　借给他一本词典

2. 替换练习
Substitution drills.

（1）他们是<u>什么时候</u>来的？

怎么
从哪儿
跟谁一起

17

（2）这本书是<u>什么时候</u>借的？

> 谁
> 在哪儿
> 跟谁

（3）A: <u>你昨天买</u>的那张地图，能不能借我用一下？

B: 行啊，到我房间去拿吧。

> 你在中国买
> 你朋友给你
> 我们昨天看过
> 上面有中文也有英文

（4）A: 你吃了早饭打算干什么？

B: 吃了早饭，我要陪我爸妈<u>去历史博物馆</u>。

> 去商店买东西
> 去医院看病
> 去买飞机票

（5）A: 你们去了哪<u>些</u>地方？

B: 我们先去了<u>香港</u>，然后去了<u>北京</u>。

> 博物馆 …… 图书馆
> 长城 …… 故宫
> 一个学校 …… 一个公司

3. 用所给的词填空

Fill in the blanks with the given words.

应该　不错　恐怕　拿　先　会

（1）你拍的照片都很_____。

（2）你_____走吧，别等我。

（3）书在桌子上，你自己_____吧。

（4）过期不还的话，肯定_____有麻烦的。

（5）已经十一点了，我想他_____不会来了。

（6）要是你以后想做生意的话，你_____学经济。

4. 用"了"或"的"填空

Fill in the blanks with 了 or 的.

（1）A：你知道吗？他父母亲来_____。

　　B：是吗？什么时候来_____？

　　A：昨天。

　　B：是坐飞机来_____吗？

　　A：不，坐火车。

（2）A：你昨天干什么_____？

　　B：我去博物馆_____。

　　A：你一个人去_____吗？

　　B：不，跟我朋友一起去_____。

5. 句式变换
Sentence transformation.

E.g. 您养了一条很可爱的小狗。

→ <u>您养的</u>小狗很可爱。

（1）他去过很多地方。

→ ＿＿＿＿＿＿＿＿＿＿的地方很多。

（2）他在北京拍了一些非常有意思的照片。

→ ＿＿＿＿＿＿＿＿＿＿的照片很有意思。

（3）你是不是吃了不干净的东西？

→ ＿＿＿＿＿＿＿＿＿＿的东西是不是不干净？

（4）昨天我们去了很远的地方。

→ ＿＿＿＿＿＿＿＿＿＿的地方很远。

6. 句子扩展
Sentence expansion.

E.g. 这是书。

这是一本书。

这是一本新书。

这是一本很有意思的新书。

这是一本中国人写的新书。

这是一本中国人写的很有意思的新书。

（1）这是照片。

这是_____照片。

这是_____照片。

这是_____照片。

这是_____照片。

_____朋友明天要来看我。

_____朋友明天要来看我。

_____朋友明天要来看我。

_____朋友明天要来看我。

7. 把下列句子翻译成中文
Translate the sentences into Chinese.

（1）When did you arrive?

（2）— You haven't been to China before, have you?

— Yes, I have.

（3）All of these are photos that I took in China.

（4）They are very interested in Chinese culture.

（5）Can you lend me the new map that you bought yesterday?

下面是几段对话，在听到前一个人说的话以后，请你为后一个人选择一个恰当的回答。

For each conversation, choose an appropriate answer for the second person after you have listened to what the first person says.

（1）A. 谢谢，我自己能行。

B. 你做什么生意？

C. 他是新来的。

（2）A. 不，去过。

B. 是的，去过。

C. 不，没去过。

（3）A. 我已经来了。

B. 是的，我在这儿。

C. 公司放假，我来旅行。

（4）A. 我是坐火车去的。

B. 上午去参观历史博物馆。

C. 今天下午陪我父母亲出去走走。

（5）A. 你可以先去。

B. 快要过期了。

C. 中国的经济。

（6）A. 太好了！现在能给我吗？

B. 对不起，我不知道你们的规定。

C. 这本书写得不错，你也应该看看。

（7）A. 那算了。

　　　 B. 别着急。

　　　 C. 这么厉害！

（8）A. 借给别人了。

　　　 B. 我不会骑。

　　　 C. 我自己用。

 练习三

1. 互相问答

Question and answer drill with your classmates.

（1）你去哪儿旅行过？

（2）你是什么时候去的？

（3）你是怎么去的？

（4）你是一个人去的还是跟朋友一起去的？

（5）你拍照了吗？可以看一看你拍的照片吗？

（6）这些照片是在哪儿拍的？

2. 跟同学们说一说你的一次旅行。

Tell your classmates about one of your travel experiences.

Read the passage and answer the questions.

马丁从图书馆借了一本书，书名叫《怎么跟中国人做生意》。这本书是用英文写的，是一个美国人写的。马丁说这本书不错，建议我也看看。他这本书是上个月二十号借的，快一个月了，所以得赶快去还。要是过了期的话，根据图书馆的规定，要罚款的。今天下午我们一起去图书馆，他去还书，我去借书。他要还的，我要借的，是同一本书，就是那本《怎么跟中国人做生意》。

回答问题：

Answer the questions.

1. 马丁从图书馆借了一本什么书？是什么时候借的？

   Which book did Martin borrow from the library and when?

2. 这本书是谁写的？这本书怎么样？"我"看过吗？

   Who is the author of the book? How is the book? Have the narrator read it?

3. 今天下午"我"跟马丁去图书馆干什么？

   What are Martin and the narrator going to do this afternoon?

练习五

Write a short paragraph introducing the book in the photo.

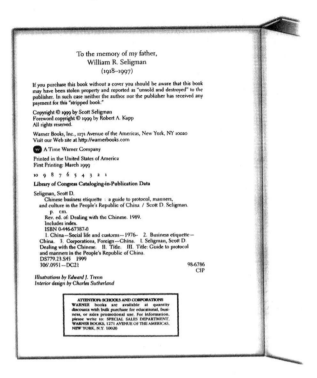

Supplementary Words

建议	(N., V.)	jiànyì	suggestion; to suggest
根据	(Prep.)	gēnjù	according to
赶快	(Adv.)	gǎnkuài	quickly; hurry up
同	(Adj.)	tóng	same
介绍	(N., V.)	jièshào	introduction; to introduce
商贸	(N.)	shāngmào	business
礼节	(N.)	lǐjié	etiquette, courtesy, protocol
出版	(V.)	chūbǎn	to publish
出版社	(N.)	chūbǎnshè	publishing house

Unit 4

Jīntiān Nǐ Chuān De Zhēn Piàoliang

今天你穿得真漂亮

You're Dressed So Beautifully Today

 练习一

1. 朗读下列词语

Read the following phrases aloud.

前天	昨天	今天	明天	后天
前年	去年	今年	明年	后年
上个月	这个月	下个月		
好听	好看	好吃	好玩儿	
唱歌	唱一个歌	唱过歌	唱歌唱得很好听	
跳舞	跳一个舞	跳过舞	跳舞跳得很优美	
见面	见过面	见了面	跟他见一个面	
问问题	回答问题	有问题	没有问题	
很特别	特别的人	特别的事儿	特别好看	
越来越好	越来越漂亮	越来越流利	越来越年轻	

2. 替换练习

Substitution drills.

（1）今天你<u>穿</u>得<u>真漂亮</u>。

来……真早	
骑……特别快	
吃……太少了	

（2）他的汉语<u>说</u>得<u>很好</u>。

比较流利	非常漂亮
很不错	不怎么样

（3）A：她<u>唱歌</u>唱得怎么样？

　　　B：她<u>唱</u>得<u>非常好听</u>。

打球……打……不错		
跳舞……跳……优美		
说汉语……说……流利		
上课……上……有意思		

（4）她越来越<u>漂亮</u>了。

老	忙
客气	喜欢他

（5）他还想再<u>喝一杯</u>。

吃一点	买一件
借一本	唱一个
养一只	去一次

3. 用所给的词填空
Fill in the blanks with the given words.

属　送　祝　见　回答

（1）老板让我明天下午去公司_____他。

（2）我们应该_____他什么礼物呢？

（3）_____你生日快乐！

（4）我是1988年出生的，_____龙。

（5）老师没有_____他的问题。

得　的

（6）你汉语说_____很不错。

（7）你_____汉语很不错。

（8）你说汉语说_____很不错。

（9）那个商店卖_____东西比较便宜。

4. 连词成句
Make a sentence by placing the given words in the correct order.

（1）他们　很　高兴　得　玩儿

（2）我　睡　比较　晚　得　每天　都

（3）生意　好　老板　高兴　越……越……　就

（4）工作　做　多　得　钱　拿　多　得　越……越……　就

5. 把下列句子翻译成中文

Translate the sentences into Chinese.

（1）You are dressed so beautifully today.

（2）She sings very well.

（3）Things are more and more expensive now.

（4）Happy birthday to you!

（5）This is a small gift for you.

练习二

Listen to each conversation, then choose an appropriate answer to each question.

（1）A. 前年　　　　　B. 去年　　　　　C. 今年

（2）A. 这个月　　　　B. 上个月　　　　C. 下个月

（3）A. 商店里的东西　　　B. 一张地图　　　C. 一次旅行活动

（4）A. 祝你快乐　　　　　B. 生日快乐　　　C. 新年快乐

（5）A. 认识　　　　　　　B. 不认识　　　　C. 很熟悉

（6）A. 24 岁　　　　　　　B. 26 岁　　　　　C. 20 岁

（7）A. 她已经写得很快了　B. 让男的别着急　C. 别等她了

1. 对话

Complete each dialogue according to the picture.

（1）A：你看，他正在起床。

　　　B：他起得＿＿＿＿＿＿＿＿＿＿＿＿＿＿＿＿。

（2）A：你看，他正在吃早饭。

　　　B：他吃得＿＿＿＿＿＿＿＿＿＿＿＿＿＿＿＿。

（3）A：他每天骑自行车去学校。

B：他骑得_____。

（4）A：你看，这是他做的功课。

B：他做得_____。

2. 向同学们介绍一个人，用上 "V 得……"

Introduce someone to your classmates using the structure "V. 得 …".

练习四

Read the passage and answer the questions.

张山是我的朋友。他高高的，胖胖的，每天睡得很早，起得很晚，吃得很多。他说他以前睡得很少，吃得很少，所以很瘦，现在吃得多了，睡得多了，所以就胖了。他平时穿得随随便便，一件 T 恤，一条短裤，可是去跟女朋友约会的时候，穿得特别漂亮。他爱骑自行车。每次都骑得特别快，快得让人害怕。他喜欢唱歌、跳舞，不过，他唱得不太好听，跳得不太优美。他不喝酒，因为他现在还不可以喝，明年就可以了。

回答问题：

Answer the questions.

1. 张山胖不胖？以前呢？

   Is Zhang Shan a heavy guy? What about before?

2. 他平时穿得怎么样？

   How does he usually dress?

3. 他骑自行车骑得怎么样？

How well can he ride a bicycle?

4. 他唱歌唱得怎么样？跳舞跳得怎么样？

How well can he sing and dance?

 练习五

Write a short paragraph introducing someone you know, using the structure "V. 得 …".

Supplementary Words

胖	(Adj.)	pàng	fat, chubby, plump
平时	(Adv.)	píngshí	normally, usually
随便	(Adj.)	suíbiàn	casual; doing as one pleases
T 恤	(N.)	T xù	T-shirt
短裤	(N.)	duǎnkù	shorts
害怕	(V.)	hàipà	be afraid of; be scared

Unit 5

Wǒ Jiāxiāng De Tiānqì Bǐ Zhèr Hǎo

我 家乡 的 天气 比这儿好

The Weather in My Hometown
Is Better Than Here

 练习一

1. 朗读下列词语

Read the following phrases aloud.

一年四季　　春夏秋冬

春天 / 春季　夏天 / 夏季　　秋天 / 秋季　　冬天 / 冬季

冷　　　热　　　凉快　　　暖和　　　高　　　低　　　长　　　短

下雨　　下大雨　下雪　　　下大雪　　刮风　　刮大风

好极了　快极了　热极了　　美极了　　疼极了　有意思极了

麻烦极了　熟悉极了　　新鲜极了　　厉害极了　　好听极了

这时候　　那时候　　什么时候　　有的时候　　最热的时候

2. 替换练习

Substitution drills.

（1）A：你家乡有没有这么<u>热</u>？

B：我家乡没有这么<u>热</u>。

冷	暖和	凉快
可爱	漂亮	

（2）A：你家乡有没有这么<u>热</u>？

      B：我家乡跟这儿一样<u>热</u>。

冷	暖和	凉快
可爱	漂亮	

（3）A：你家乡的夏天有没有这么热？

      B：我家乡的夏天比这儿<u>凉快多了</u>。

凉快得多
凉快一点儿
更热

Unit
5

（4）A：夏天你<u>常常</u>去游泳吗？

      B：<u>常常</u>去。

有时候
很少
从来不

（5）A：那儿的东西<u>贵不贵</u>？

      B：<u>一点儿也不贵</u>。

多	便宜
好吃	新鲜

3. 用所给的词填空

Fill in the blanks with the given words.

下　刮　来　滑

（1）冬天，我们常常到山上去_____雪。

（2）天气预报说，明天要_____雨。

（3）昨天晚上_____大风。

（4）这儿的春天比我家乡_____得早。

大概　左右

（5）今天_____有三十五度吧？

（6）今天的最高温度是三十五度_____。

4. 看下面的表格，写比较句

Make comparative sentences about the differences in the following chart.

（热　凉　快　高　矮　大　小　胖　瘦　多　少）

今天：35ºC	昨天：33ºC
我们班：30 个学生	你们班：25 个学生
小张：25 岁 / 178cm / 100 kg	小王：23 岁 / 175cm / 60 kg

5. 把下列句子翻译成中文

Translate the sentences into Chinese.

（1）It's very hot today.

（2）He is not as tall as you.

（3）It's much cooler in the summer in my hometown than here.

（4）This coat is the same size as that one.

（5）Which season do you like best?

 练习二

Listen to each conversation, then choose an appropriate answer to each question.

（1）A. 52 岁   B. 55 岁   C. 58 岁

（2）A. 春天和秋天   B. 夏天和冬天   C. 都不喜欢

（3）A. 跟这儿一样热   B. 比这儿还热   C. 没有这儿热

（4）A. 太大了   B. 太小了   C. 不大不小

（5）A. 冬天   B. 夏天   C. 春天

（6）A. 晴天   B. 多云   C. 有雨

（7）A. 12°C   B. 15°C   C. 5°C

 练习三

1. 比较两个人或者两个地方。

   Compare two people or places that you know.

2. 你家乡的天气怎么样？跟你的同学们说一说。

   How is the weather in your hometown? Describe it to your classmates.

 练习四

Read the passage and answer the questions.

　　上海跟北京一样，是中国最有名的两个大城市。上海人说，北京没有上海热闹；北京人说，上海没有北京漂亮。北京的面积比上海大得多，公园比上海多得多，历史比上海长得多；上海的人口比北京多一点儿，商店比北京漂亮一点儿。夏天，上海跟北京一样热，有的时候，北京比上海还热。冬天，上海没有北京那么冷，不过，上海人的家里一般没有暖气，北京人的家里家家都有暖气，所以，在上海工作、学习的北京人常常说，上海比北京更冷。

回答问题

Answer the questions.

1. 北京大还是上海大？

   Which city is bigger, Beijing or Shanghai?

2. 夏天北京比上海凉快一点儿，是不是？

   Summer in Beijing is a bit cooler than Shanghai, is that right?

3. 冬天北京冷还是上海冷?

Which city is colder in winter, Beijing or Shanghai?

 练习五

Write a short paragraph comparing two people or two cities that you know.

Supplementary Words

矮	(Adj.)	ǎi	short (of height)
高	(Adj.)	gāo	tall
重	(Adj.)	zhòng	heavy
有名	(Adj.)	yǒumíng	famous
面积	(N.)	miànjī	area
公园	(N.)	gōngyuán	park
人口	(N.)	rénkǒu	population
一般	(Adv., Adj.)	yìbān	generally speaking; general

Unit 6

Wǒ Lǎojiā Zài Dōngběi
我 老家 在 东北
My Hometown Is in the Northeast

 练习一

1. 朗读下列词语

Read the following phrases aloud.

海边　　河边　　路边　　门边

早饭　　中饭／午饭　　晚饭

东北　　东南　　西北　　西南

热死了　　吵死了　　高兴死了

楼上　　楼下　　上楼　　下楼　　大楼　　高楼　　小楼

宿舍东边　　商店南边　　学校西边　　我家北边　　教室对面

2. 替换练习

Substitution drills.

（1）我家北边是<u>山</u>，南边是<u>河</u>。

海 ……	山
邮局 ……	银行
公园 ……	停车场

（2）那儿一定很热闹。

大概	肯定
可能	不一定
不可能	

（3）A：你家离海远吗？

B：不太远，开车去的话，大概需要半个小时。

学校	市中心
你工作的地方	

Unit
6

（4）A：你去学校的餐厅吃饭吗？

B：我有时候去。

从来不
很少　常常

（5）A：吃完晚饭，你干什么？

B：吃完晚饭，我就去海边散步。

看看电视
出去走走
喝一杯茶

3. 用所给的词填空

Fill in the blanks with the given words.

新鲜　优美　方便　热闹

（1）农村空气_____，环境_____。

（2）他的老家有很多山，所以交通不太_____。

（3）我家在市中心，从早到晚，车水马龙，_____极了。

离　从　往　到　给　对

（4）我家_____学校不太远。

（5）_____我家到学校不太远。

（6）你打算_____哪儿去？

（7）明天晚上我____你打电话。

（8）他_____我们非常客气。

（9）到十字路口，____右拐，就是我家。

4. 连词成句

Make a sentence by placing the given words in the correct order.

（1）小楼后面　一个车库　是

（2）西部　美国　我家　在

（3）树　花儿　和　很多　院子里　有

（4）现在　可能　在　还　睡觉　他

（5）他 客气 很 我们 对

5. 把下列句子翻译成中文
Translate the sentences into Chinese.

(1) There's a mountain to the north of my house and there's a river to the south.

(2) Is your house far from the sea?

(3) There are shops to the east and west of my house and many restaurants too.

(4) I drive to school every day. It takes me about half an hour.

(5) This gift was bought for you.

练习二

Listen to each conversation, then choose an appropriate answer to each question.

（1）A. 吃晚饭以前

B. 吃早饭以前

C. 吃晚饭以后

（2）A. 大商店的西边

B. 大商店的东边

C. 银行的东边

（3）A. 很喜欢

B. 比较喜欢

C. 不喜欢

（4）A. 开车去

B. 坐车去

C. 骑车去

（5）A. 很热闹

B. 有山有水

C. 交通不方便

（6）A. 昨天晚上喝了很多酒

B. 昨天晚上没有休息好

C. 昨天晚上来了很多朋友

（7）A. 男的以前养过一只狗

B. 男的现在的家没有院子

C. 男的不知道养什么花儿比较好

 练习三

1. 互相问答

Question and answer drill with your classmates.

（1）你家在城市还是在农村？

（2）那儿热闹吗？

（3）你家离学校远不远？

（4）你每天怎么来学校？大概需要多少时间？

2. 说一说你家的前后左右（东南西北）有什么。
Describe your neighborhood.

 练习四

Read the passage and answer the questions.

> 我家在市区，那儿很热闹。我家北面是商店，东面有一个医院，西面和南面都是住宅。我家附近还有一个大超市。公共汽车站和地铁站离我家也不远。我每天坐地铁上班，只要半个小时。所以，买东西、上班都很方便。可是，最大的问题是，我家在马路旁边，从早到晚，车水马龙，吵得我不能休息。我们下个月就要搬家了。新家比较远，在郊区，不过没关系，我刚买了汽车。以后欢迎你去我家玩儿，我开车带你去。

回答问题
Answer the questions.

1. 他家在市区还是郊区？

Does the narrator's home in the city or in the suburb?

2. 那儿交通方便不方便？

Is the transportation there convenient or not?

3. 他喜欢现在住的地方吗？

Does the narrator like where they live?

Unit
6

4. 他现在怎么上下班？搬了家以后呢？

How does the narrator get to work? How about after they move?

 练习五

Write a short paragraph describing your neighborhood.

Supplementary Words

公园	(N.)	gōngyuán	park
停车场	(N.)	tíngchēchǎng	parking area
市区	(N.)	shìqū	urban district
郊区	(N.)	jiāoqū	suburban district
住宅	(N.)	zhùzhái	residence
超市	(N.)	chāoshì	supermarket
上班	(V.O.)	shàng bān	go to work
搬家	(V.O.)	bān jiā	move house
带	(V.)	dài	to take, to carry

Unit 7

Wǒ Xuéguo Bàn Nián Hànyǔ
我 学 过 半 年 汉语
I've Studied Chinese for Half a Year

 练习一

1. 朗读下列词语
Read the following phrases aloud.

一年	一天	一个月	一个星期	一个小时
半年	半天	半个月	半个星期	半个小时
一年半	一天半	一个半月	一个半星期	一个半小时
再说一遍	再写一遍	再听一遍	再看一遍	
说得很流利	说得很标准	说得很清楚	说得很慢	
早就学过了	已经学过了	刚刚学过	还没学过	

2. 替换练习
Substitution drills.

（1）您说得太快了，请您说得慢一点儿。

写	…… 小	…… 大
坐	…… 远	…… 近
开	…… 慢	…… 快

（2）我的汉语口语还可以，听力不行。

> | 阅读 ……写作 |
> | 发音 ……语法 |

（3）A：你学了多长时间（汉语）了？

　　　B：我学了两年（汉语）了。

> | 半年 |
> | 两年 |
> | 六个月 |

（4）A：你们一个星期见几次面？

　　　B：我们一个星期见三次面。

> | 打……球 |
> | 上……汉语课 |
> | 去……图书馆 |

（5）A：请你再说一遍。

　　　B：好，我再说一遍。

> | 听　看　写 |

3. 翻译成汉语
Translate the following expressions into Chinese.

a year   three days

a month   two weeks

a year and a half   half a day

two months and a half   half a week

half an hour   25 minutes

4. 把括号里的词语放在合适的位置上
Place the given words in the correct place within each sentence.

（1）我跟他 A 见过 B 面 C。（一次）

（2）我 A 学过 B 汉语 C。（半年）

（3）我每天 A 看 B 电视 C。（一个小时）

（4）我 A 在他家吃过 B 饭 C。（三次）

（5）我 A 听了 B 录音 C，可还是不明白。（两遍）

5. 把下列句子翻译成中文
Translate the sentences into Chinese.

（1）How long have you been studying Chinese?

（2）Would you please say it again?

（3）Yesterday's test was not difficult.

（4）Would you please speak a bit more slowly?

（5）I have been there many times.

练习二

Listen to each conversation, then choose an appropriate answer to each question.

（1）A. 听力不太好　　　　　B. 口语不太好　　　　　C. 阅读不太好

（2）A. 汉语　　　　　　　　B. 英语　　　　　　　　C. 汉语和英语

（3）A. 发音　　　　　　　　B. 汉字　　　　　　　　C. 语法

（4）A. 很好　　　　　　　　B. 不好　　　　　　　　C. 他自己也不知道

（5）A. 英语　　　　　　　　B. 中文　　　　　　　　C. 经济

（6）A. 忘了他自己的房间号码

　　　B. 想知道朋友的房间号码

　　　C. 想要给马丁打一个电话

（7）A. 男的对这儿不熟悉

　　　B. 男的在这儿没生过病

　　　C. 男的到这儿以后去过一次医院

练习三

1. 互相问答

Question and answer drill with your classmates.

（1）你学了多长时间汉语了？

（2）你每个星期学习几个小时汉语？

（3）你去过中国吗？去过几次？

（4）你听不听课文的录音，听几遍？

2. 说一说：汉语怎么样？最难的是什么？最容易的是什么？为什么？

Give a short speech answering these questions: What do you think about learning Mandarin Chinese? What are the easiest and the most difficult aspects of it? Why?

 练习四

Read the passage and answer the questions.

你好！你能说一口标准的汉语普通话吗？你想提高你的英语听说水平吗？那么，跟我交朋友吧！

我叫江山，男，大学三年级学生，母语是英语。我学了半年多汉语了，能说一些简单的汉语，但是说得很不流利。我希望找一个能说标准普通话的中国人，练习汉语听力和口语。我们可以用一半时间说汉语，一半时间说英语。我每天晚上都有空，周末也可以见面。如果你有兴趣，请给我打电话。我的电话号码是：1234567。

回答问题：

Answer the questions.

1. 江山的母语是什么？

   What is Jiang Shan's mother tongue?

2. 他要找一个怎么样的中国人？

What kind of Chinese person is he looking for?

3. 他学了多长时间汉语了？

How long has he been learning Chinese?

 练习五

Write a short paragraph about your experience studying Chinese.

Supplementary Words

发音	(N.)	fāyīn	pronunciation
语法	(N.)	yǔfǎ	grammar
录音	(N., V.O.)	lùyīn	recording; to record
提高	(V.)	tígāo	to raise
水平	(N.)	shuǐpíng	level
简单	(Adj.)	jiǎndān	simple
希望	(N., V.)	xīwàng	(to) hope
周末	(N.)	zhōumò	weekend

Unit 8

Huǒchēpiào Màiwán Le

火车票　卖完了
The Train Tickets Are Sold Out

 练习一

1. 朗读下列词语
Read the following phrases aloud.

说错	写错	买错	打错	
用坏	穿坏	吃坏	办坏	
买到	看到	见到	谈到（十一点）	开到（宿舍门口）
说完	卖完	学完	干完	做完　吃完　喝完
摔倒	摔伤	摔坏	摔破	摔死
写好	写完	写错	写对	写清楚

2. 替换练习
Substitution drills.

（1）他骑得很快，右手还拿着<u>东西</u>。

鲜花
一件礼物
一个蛋糕

Unit
8

（2）他在北京工作的时候，拍了很多照片。

我登长城
他们一起旅行
我们在海边散步

（3）买到车票以后请您给我们发一个传真。

谈好生意
看完市场
安排好活动

（4）A：星期二的火车票还有吗？

　　　B：星期二的火车票已经卖完了。

汉英词典
《当代中文》
下星期一的飞机票

（5）A：您下星期二到没问题吧？

　　　B：看来不行了，要推迟到星期三。

恐怕
大概
可能

3. 用所给的词填空
Fill in the blanks with the given words.

安排　打算　参加　参观　发生

（1）昨天的晚会你_____了没有？

（2）欢迎你们来_____我们公司。

（3）前面是不是_____了交通事故？

（4）上完大学以后，你_____做什么工作？

（5）我有个朋友想去贵校学习，能不能给他_____一个房间？

（6）你明天有什么_____？

倒　伤　坏　破　疼

（7）昨天晚上刮大风，刮____了很多大树。

（8）这本词典____了，能不能换一本？

（9）我的汽车____了，我要请人修一下。

（10）她的话____了我的心。

（11）我肚子有点儿____。

4. 从练习 1（"朗读下列词语"）中选择适当的词语完成句子
Complete the sentences using the expressions from Exercise 1.

（1）A：昨天晚上你们谈了很长时间吧？

B：没有。我们_____九点就休息了。

（2）A：你上午去书店了？

B：是啊，我想买一本汉英词典。可是汉英词典卖完了，我没_____。

（3）A：这两个句子我写得对不对？

B：有两个汉字你_____了，别的都对。

（4）A：喂，王海在家吗？

B：这儿没有王海，你_____了。

（5）A：你怎么啦？

B：我肚子疼。

A：你是不是吃了不新鲜的东西，_____了肚子？

（6）A：路上有雪，小心别_____。

B：放心吧。

5. 用"V. 着"完成下面的句子
Complete the sentences using "V. 着".

（1）你看：他_____眼镜，_____红衬衫，手里_____花儿。

（2）老师在教室里站着，同学们都_____。

（3）房间的门_____，我进去一看，里面没人。

6. 把下列句子翻译成中文

Translate the sentences into Chinese.

（1）The train tickets for Tuesday are sold out.

（2）Please send us a fax when you get the ticket to inform us of your

flight number.

（3）Didn't you see her crossing the road when you were riding?

（4）He rode very quickly holding something in his right hand.

（5）When can we finish this textbook?

练习二

下面是几段对话，在听到前一个人说的话以后，请你为后一个人选择一个恰当的回答。

For each conversation, choose an appropriate answer for the second person after you have listened to what the first person says.

（1）A. 我想问一个问题。

B. 是吗？那好极了！

C. 没问题，我认识路。

（2）A. 行，再见！

B. 好，那样吧。

C. 您说吧。

（3）A. 不会是汽车。

B. 可能坏了吧。

C. 骑得太快了。

（4）A. 有些什么活动？

B. 好，请你安排一下。

C. 那我们马上就开始吧。

（5）A. 11 点半。

　　B. CA901。

　　C. 900 块。

（6）A. 我忘了号码。

　　B. 我没看清楚。

　　C. 汽车上没有水。

（7）A. 自行车没摔坏。

　　B. 我打着雨伞。

　　C. 背上有点儿疼。

 练习三

看图说话。

Describe each picture.

练习四

在网上查一下：

Search the following information on the Internet:

（1）从北京到上海有哪些车次？如果你希望晚上到上海，可以选择什么车次，几点开车，几点达到？如果你希望早上到上海，可以选择什么车次，几点开车，几点达到？

What are the trains that go from Beijing to Shanghai? If you plan to arrive in Shanghai in the evening, which train can you take? When will the train leave and when will it arrive in Shanghai? If you want to get to Shanghai in the morning, which train can you take? When will the train leave and when will it arrive in Shanghai?

（2）从北京到上海有哪些航班，分别是什么航空公司的？从北京到上海一般需要飞多长时间？

What flights go from Beijing to Shanghai? Which airlines do they belong to? How long does it usually take to fly from Beijing to Shanghai?

Jack was originally planning to go to Datong (大同) city on Tuesday, but he wasn't able to get a train ticket, so he had to postpone his trip to Wednesday. He has now bought a train ticket for Wednesday. The train number is T23, and the arrival time is Wednesday at 3:15 p.m. Write a fax message to Xiao Huang, Jack's friend in Datong, to inform him of the reason for the change in itinerary and ask him to pick Jack up from the station on time.

Supplementary Words

别的	(Pron.)	biéde	other
小心	(Adj.)	xiǎoxīn	careful
车次	(N.)	chēcì	train number

Unit
8

Unit 9

Xiànzài Jiù Kěyǐ Bān Jìnqu
现在 就 可以 搬 进去
You Can Move in Right Away

 练习一

1. 朗读下列词语
Read the following phrases aloud.

有办法	没办法	好办法	什么办法
坐电梯	坐地铁	坐飞机	坐火车
付钱	付租金	付押金	付学费 (fèi, fee)
很生气	不生气	别生气	生谁的气
带来	带去	送来	送去
拆下来	装上去	搬进来	搬出去

拿来　　拿去　　拿出来　　拿出去　　拿回来　　拿回去

走进　　走出　　走上　　走下　　走进去　　走出去　　走上去

走进房间来　　走出教室去　　走上楼去　　拿回家来

2. 替换练习
Substitution drills.

（1）如果你们想<u>租</u>的话，现在就可以<u>搬进去</u>。

参加……报名
换钱……去银行
滑雪……去

（2）每天走<u>上</u>走<u>下</u>，太累了。

> 搬上搬下
> 骑来骑去
> 拿进拿出

（3）这<u>合同</u>我们可以带回去看看吗?

> 地图
> 课本
> 广告

（4）要不要<u>上楼去</u>看看?

> 进房间去
> 回家去
> 走出校门去

（5）我一<u>有空</u>就去<u>买</u>。

> 下课 …… 回家
> 高兴 …… 唱歌
> 去人多的地方……头疼

Unit
9

3. 用所给的词填空

Fill in the blanks with the given words.

> 租　锻炼　练习　送　发

（1）他每天起床以后第一件事就是_____身体。

（2）他每天晚上用一个小时_____汉字。

（3）他有两套房子，一套_____给别人，一套自己住。

（4）他在学校附近_____了一个公寓，这样，住得比较舒服，去学校也比较方便。

（5）请你_____一个传真给他，告诉他我们的航班，请他去接我们。

（6）您放心，您买的电视机今天下午就给您_____过去。

4. 选择下面的趋向动词做补语
Fill in the blanks using these direction verbs as the complements.

来　去　出来　上……去　出……去

（1）下课了，同学们一个个都走_____教室_____。

（2）我朋友从北京带_____了一些中国的工艺品。

（3）昨天我们去医院看一位朋友，给他带_____了一束鲜花。

（4）他从房间里搬_____一台电视机，放在门外面。

（5）他住在二十楼，今天电梯坏了，他只好走_____楼_____。

5. 完成下面的句子
Complete the sentences.

（1）我一有空就_____。

（2）我一上完课就_____。

（3）他一回来就_____。

（4）他一回来，我就_____。

（5）一放假，我们就_____。

6. 把下列句子翻译成中文

Translate the sentences into Chinese.

（1）If you want to rent it you can move in right now.

（2）It's very tiring to walk upstairs and downstairs every day.

（3）Can we take this contract home to read?

（4）I will send you a fax as soon as I have bought the ticket.

（5）The technician said the air conditioner is too old to be fixed.

练习二

Listen to each conversation, then choose an appropriate answer to each question.

（1）A. 一个月以后　　　　B. 一个星期以后　　　　C. 不可能修好了

（2）A. 有电视机，没有洗衣机

　　　B. 有洗衣机，没有电视机

　　　C. 没有电视机，也没有洗衣机

（3）A. 跟师傅学　　　　B. 在学校学　　　　C. 在家自学

（4）A. 女的想要租一套房子

　　　B. 江河清是这里的房东

　　　C. 男的上个月刚搬进来

Unit
9

（5）A. 空调公司　　　　　　B. 电话公司　　　　　　C. 食品商店

（6）A. 昨天上午 402 家里没人

B. 女的很可能住在四楼

C. 男的昨天去了 702 室

（7）A. 有人撞倒了她

B. 撞她的人没有说"对不起"

C. 撞她的人没有陪她去医院检查

练习三

Read the advertisments and choose an apartment that seems like a nice place to live; then call the rental agency to ask for more detailed information.

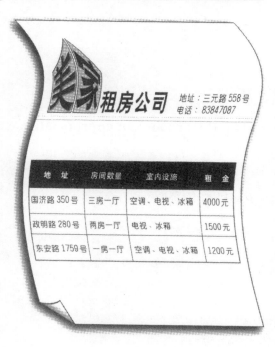

地址：三元路 558 号
电话：83847087

地　址	房间数量	室内设施	租　金
国济路 350 号	三房一厅	空调、电视、冰箱	4000 元
政明路 280 号	两房一厅	电视、冰箱	1500 元
东安路 1759 号	一房一厅	空调、电视、冰箱	1200 元

Read the passage and answer the questions.

王英和张园园一起租了一套公寓。这套公寓有两个卧室，一个客厅，一个卫生间，一个厨房。家具、电器都有。一个月租金两千五百块。她们比较满意。可是，搬进去没几天，空调就坏了。这么热的天，没有空调怎么行？她们很生气，给房东打了好几个电话。昨天，房东给她们送来了一台新空调。装上新空调，她们刚开始高兴了两个小时，麻烦又来了：电话机出了问题，别人可以打进来，她们不能打出去。这更麻烦了：她们只好走出房间去给房东打公用电话了。

回答问题

Answer the questions.

1. 王英和张园园住的公寓每个月房租多少？

   How much do Wang Ying and Zhang Yuanyuan need to pay for rent each month?

2. 空调是什么时候坏的？

   When did the air conditioner break down?

Unit
9

3. 现在又出了什么问题？

   What problems are they having now?

You are renting an apartment with a living room and two bedrooms, complete with appliances, for a monthly cost of 2000 yuan. It is quite near the school; about a ten-minute bike ride. You want to find a roommate to share the rent with you. Write a notice to be posted on the school bulletin board. In the notice, include a description of yourself, the general condition of the apartment you are renting and your requirements for a roommate.

Supplementary Words

广告	(N.)	guǎnggào	advertisement
工艺品	(N.)	gōngyìpǐn	handicraft article
束	(M.W.)	shù	bunch of
卧室	(N.)	wòshì	bedroom
客厅	(N.)	kètīng	living room
家具	(N.)	jiājù	furniture
满意	(Adj.)	mǎnyì	satisfactory
又	(Adv.)	yòu	again
公用电话		gōngyòng diànhuà	public telephone

Unit 10

Wǒ Kǒngpà Tīng Bu Dǒng
我 恐怕 听 不 懂
I'm Afraid I Don't Understand

练习一

1. 朗读下列词语
Read the following phrases aloud.

下了一场大雨	看了一场电影	演了一场京剧
慢慢地走过来	高兴地告诉他	安安静静地休息一会儿
连一分钱也没有	连小孩子也知道	
忙得连饭也没时间吃		累得连话也不想说

听得清楚	听不清楚	看得懂	看不懂
吃得完	吃不完	赶得到	赶不到
骑得动	骑不动	买得到	买不到
起得来	起不来	进得去	进不去
爬得上去	爬不上去	开得进去	开不进去

2. 替换练习
Substitution drills.

（1）我恐怕<u>听不懂</u>吧。

看不懂
学不会
做不完

（2）A：票买得到吗？

B：肯定买得到。

| 房子 …… 租 |
| 朋友 …… 找 |
| 中国菜 …… 吃 |

（3）A：我爬不动了。

B：咱们休息休息吧。

| 走 |
| 骑 |
| 跑 |

（4）A：半个小时赶得到吗？

B：恐怕赶不到。

| 十分钟 |
| 一刻钟 |
| 一个小时 |

（5）他累得连话都说不出来了。

| 饭……不想吃 |
| 路……走不动 |

3. 用所给的词填空

Fill in the blanks with the given words.

注意　建议　教　跑　爬　赶

（1）请_____"参"这个字的发音，是 cān，不是 kān。

（2）他们有两位汉语老师，一位_____读写，一位_____听说。

（3）你这么着急，是要去_____几点的飞机？

（4）小时侯，他喜欢_____树；大了以后，他喜欢_____山。

（5）每天早上，我们都能看到他在校园里_____步。

的　地　得

（6）这是我养_____花儿。

（7）他做_____菜很好吃。

（8）他菜做_____很好吃。

（9）看，那位老人慢慢_____走过来了。

（10）他走_____很慢。

4. 选择括号里恰当的表达方式完成句子

Complete the sentence with the appropriate expression.

（1）老师，黑板上的字太小了，我____。

　　　A. 不能看清楚　　　　　B. 看不清楚　　　　　C. 看得不清楚

（2）我到电影院的时候，电影票已经卖完了，我____。

　　　A. 买不到　　　　　B. 没买到　　　　　C. 不买到

（3）这是我的房间，可是我忘了带钥匙，____。

　　　A. 不能进去　　　　　B. 不可以进去　　　　　C. 进不去

（4）你今天_____，有什么重要的活动？

A. 穿得这么漂亮　　　　B. 穿得漂亮　　　　C. 穿漂亮了

5. 把下列句子翻译成中文
Translate the sentences into Chinese.

（1）You may not be able to understand just by listening, but you can surely understand by watching.

（2）It seems that I cannot get to the top of the mountain.

（3）The newspaper said that they are all very famous.

（4）This question is so easy, even a child could answer it.

练习二

Listen to the conversations, then choose an appropriate answer to each question.

（1）A. 有一张　　　　B. 有很多　　　　C. 没有

（2）A. 开汽车去　　　　B. 骑自行车去　　　　C. 走着去

（3）A. 他太太来了　　　　B. 他非常懒　　　　C. 他不应该在家里

（4）A. 工作太忙了　　　　B. 学习太累了　　　　C. 环境太差了

（5）A. 马丁比江山更熟悉中国

B. 江山比马丁更熟悉中国

C. 马丁跟江山一样，都不熟悉中国

（6）A. 打球　　　　　　B. 爬山　　　　　　C. 跑步

（7）A. 在出租车上　　　　B. 在地铁车站　　　　C. 在飞机上

练习三

Question and answer drill with your classmates.

你常常运动吗？你喜欢什么运动？

练习四

Read the passage and answer the questions.

那天，我去电影院看一部外国电影。我一进去，电影就开始了。过了一会儿，进来了一男一女，他们在我前面的座位上坐下，然后就开始不停地说话。电影里的谈话我一点儿也听不见。我很生气，对他们说："你们怎么回事？我一点儿都听不见了！"他们回头看看我，对我说："我们这是私人谈话，你不用听！"我说："我是说，我听不见电影里的话，不是听不见你们的话！"他们笑了，说："电影里说的都是外国话，我们听不懂，听它干什么！"

回答问题

Answer the questions.

1. "我"为什么听不见电影里的谈话？

Why couldn't the narrator hear the conversations in the movie?

（2）电影里说的外语"我"听得懂吗？

People in the movie are talking in a foreign language. Can the narrator understand them?

（3）坐在我前面的那两个人听得懂吗？

Can the two people sitting in front of the narrator understand what the people are saying in the movie?

 练习五

Write a short paragraph based on the dialogue in text 2, with the given words.

李小雨、田中、马丁、高一飞一起……，……的时候，李小雨……了，所以，她决定让……，她自己……。马丁觉得……，王英希望她……，田中建议她……，高一飞打算……。但是，李小雨现在最需要的是……。

Supplementary Words

钥匙	(N.)	yàoshi	key
校园	(N.)	xiàoyuán	campus
部	(M.W.)	bù	measure word (for a movie)
停	(V.)	tíng	to stop
私人	(Adj.)	sīrén	private
对……说		duì …shuō	say to someone

Unit 11

Wǒ Bǎ Qiánbāo Wàng Zài Chē Shang Le

我把 钱包　忘在 车 上 了

I've Left My Wallet in the Car

 练习一

1. 朗读下列词语

Read the following phrases aloud.

在汽车上　　在火车上　　在飞机上

赶快来　　　赶快走　　　赶快出发

东西丢了　　钱包丢了　　发票丢了

开一张发票　要一张发票　拿一张发票

觉得有点儿冷　　　　觉得很不错　　　觉得他不像话

扔一个球　　扔过来　　扔给我　　　　扔到垃圾箱里

交房租　　　交上来　　交上去　　　　交给谁　　　　交到哪儿去

放书　　　　放下　　　放进去　　　　放在床上　　　放在口袋里

2. 替换练习

Substitution drills.

（1）我马上把钱包给你们送过来。

| 明天 |
| 肯定 |
| 不可能 |

（2）A：你把<u>钱包</u>放在哪儿了？

　　　B：我把<u>钱包</u>放在包里了。

| 礼物 |
| 衣服 |
| 照片 |

（3）A：你把它扔到哪儿去了？

　　　B：我把它扔到<u>垃圾箱里</u>去了。

| 河里 |
| 床下 |
| 门外面 |

（4）A：你买的花儿真漂亮！

　　　B：我要把它送给<u>我的女朋友</u>。

| 我的父母亲 |
| 我的老师 |
| 我的太太 |

（5）A：你还记得<u>车号</u>吗？

　　　B：我一点儿也想不起来了。

| 他的地址 |
| 他说的那句话 |
| 我们三年前在上海见过的那个老人 |

3. 用所给的词填空

Fill in the blanks with the given words.

记　记住　记得

（1）你还_____我吗？我们去年见过一面。

（2）朋友们的电话号码，他都_____在心里。

（3）他只听我说一遍就_____了。

刚　刚才

（4）你_____去哪儿了？

（5）我_____到这儿，对附近还不熟悉。

（6）_____我在他家吃饭的时候，发现他家的人都爱吃甜食。

张　本　顿　遍

（7）他一天只吃两_____：早饭和晚饭，不吃午饭。

（8）这_____护照上的照片看上去不像你。

（9）他把宾馆的地址写在一_____纸上。

（10）他的听力真糟糕，我说了三_____他才明白。

4. 完成句子

Complete the sentences.

（1）他买了一束漂亮的花儿，打算把花儿_____。

（2）我住在六楼。我让他们把空调送到家里，可是师傅把空调_____就走了，我得自己把空调搬上楼去。真不像话！

（3）别人都把冰箱放在厨房里，可他把冰箱_____，真奇怪！

Unit
11

（4）这里不能停汽车，请你把汽车_____。

5. 把下列句子翻译成中文
Translate the sentences into Chinese.

（1）I put the wallet on the seat.

（2）I left my wallet in the car.

（3）He rented the room to a foreigner.

（4）Let's move this washing machine to the bathroom.

（5）When we got out of the taxi just now, I was the one who paid.

练习二

Listen to the conversations, then choose an appropriate answer to each question.

（1）A. 她忘了那个人的名字

　　　B. 她不想知道那个人的名字

　　　C. 她还要想一想

（2）A. 宾馆　　　　　　B. 商店　　　　　　C. 学校

（3）A. 钱包里　　　　　B. 旅行包里　　　　C. 口袋里

（4）A. 他没有证件　　　B. 他不是学生　　　C. 他没带借书证

（5）A. 桌子上　　　　　B. 床上　　　　　C. 垃圾箱里

（6）A. 很客气　　　　　B. 不诚实　　　　　C. 记不住事儿

（7）A. 男的对自己的生日不感兴趣

　　　B. 女的记错了她爱人的生日

　　　C. 女的忘了买生日蛋糕

 练习三

1. 互相问答

Question and answer drill with your classmates.

你丢过东西吗？怎么丢的？后来找到了没有？

2. **Mark has left his wallet in the taxi again. However, he didn't throw the receipt into the garbage this time, he has the receipt. The taxi company's telephone number is on it. Mark's Chinese is not very good; can you call the taxi company for him?**

练习四

Read the passage and answer the questions.

　　老王师傅开了十几年车，第一次见到这么糊涂的老外：把钱包忘在了出租汽车的座位上。不过，发现钱包的不是老王，是一位乘客。乘客把钱包交给老王，老王就把钱包交给了公司领导。领导打开钱包一看，里面有五百美元，还有一张信用卡，其他什么也没有。领导也没办法了，没有名字，没有地址，到哪儿去找？可是，老王不着急：发票上有公司的电话号码，

那位老外发现丢了钱包，一定会打电话来的。那就等着吧。等了三天，打来电话的真不少，有忘了雨伞的，有忘了行李的，可就是没有忘了钱包的。老王觉得奇怪了：怎么，那位老外一直到现在还不知道自己丢了钱包？

回答问题

Answer the questions.

1. 发现钱包以后，老王把它交给了谁？

   Whom did Lao Wang give the wallet to after discovering it?

2. 钱包里有些什么？

   What was in the wallet?

3. 老王为什么不着急？

   Why didn't Lao Wang worry?

4. 丢钱包的人打来过电话吗？

   Did the person who lost the wallet ever make a phone call to ask for it?

练习五

Yesterday at dinner time, you left a bag in the school cafeteria. There were books and some money in the bag. You hope that whoever finds the bag will return it to you, so you write a notice to be posted on the school's bulletin board. The notice should include the time and place you lost your bag, the contents of the bag and how to contact you.

Supplementary Words

束	(M.W.)	shù	bunch of
甜食	(N.)	tiánshí	sweet food; dessert
奇怪	(Adj.)	qíguài	strange, confusing
停	(V.)	tíng	park (a vehicle)
信用卡	(N.)	xìnyòngkǎ	credit card
行李	(N.)	xíngli	luggage
桌子	(N.)	zhuōzi	desk, table
记性	(N.)	jìxing	memory

Unit
11

Unit 12

Chàdiǎnr Bèi Qìchē Zhuàngle Yíxià

差点儿 被 汽车 撞了一下

I Was Nearly Hit by a Car

 练习一

1. 朗读下列词语

Read the following phrases aloud.

帮我一个忙   帮他一个忙

钱够了   钱还不够

够好的   够忙的   够倒霉的

糟透了   坏透了   忙透了

东西掉了   掉下来   掉在地上

吃掉   卖掉   送掉   砍掉   烧掉

变大了   变老了   变瘦了   变漂亮了   变得我不认识了

又来了   又下雨了   又工作了   又干净了   又可以了

2. 替换练习

Substitution drills.

（1）<u>文件没丢</u>就好。

没出事故
没摔伤
没罚款

（2）刚才我差点儿<u>让</u>汽车撞了一下。

叫　被

（3）路两边的树都被<u>砍</u>倒了。

刮　撞

（4）<u>河里的鱼</u>都被毒死了。

院子里的花儿
天上的鸟
家里的狗

（5）A：你的自行车呢？

　　　B：我的自行车叫人<u>偷</u>走了。

借　骑　搬

3. 用所给的词填空
Fill in the blanks with the given words.

变　换

（1）一美元＿＿＿＿多少人民币？

（2）天气＿＿＿＿得越来越热了。

打　发　送

（3）我马上把东西给你们＿＿＿＿过来。

（4）刚才我接到一个电话，是一个不认识的人_____来的。

（5）他_____给我们的电子邮件有病毒，别打开。

4. 选择合适的句子
Choose the correct sentence.

（1）A. 他把汽车撞了一下，差点儿撞死。

　　B. 他被汽车撞了一下，差点儿撞死。

（2）A. 今天的票卖完了，你明天再来买吧。

　　B. 今天的票被卖完了，你明天再来买吧。

（3）A. 这本书你看过吗？

　　B. 这本书被你看过吗？

（4）A. 刚才小王被小李打了一顿。

　　B. 刚才小王小李打了一顿。

5. 把下列句子翻译成中文
Translate the sentences into Chinese.

（1）The bicycle was stolen.

（2）There was something wrong with the computer.

（3）I was riding too fast to notice the traffic lights and was nearly hit by a car.

（4）These trees were planted one or two years ago, right?

（5）Those old houses have already been torn down.

练习二

Listen to each conversation, then choose an appropriate answer to each question.

（1）A. 邮局

　　B. 银行

　　C. 公司

（2）A. 他不想喝东西

　　B. 他不知道喝什么

　　C. 喝茶或咖啡都可以

（3）A. 能发

　　B. 有时候能发

　　C. 不能发

（4）A. 污染很严重

　　B. 污染没有以前那么严重

　　C. 一点儿污染也没有了

（5）A. 他的自行车被人偷走了

B. 警察把自行车还给了他

C. 他在市场上买了一辆新的

（6）A. 男的不是一个好司机

B. 男的不喜欢警察

C. 男的眼睛不好

（7）A. 机场

B. 车站

C. 路上

 练习三

1. 互相问答

Question and answer drill with your classmates.

（1）你的运气怎么样？为什么这么说？

（2）你觉得现在有哪些污染？我们应该为保护环境做些什么？

Read the passage and answer the questions.

　　杰克这次来，发现这儿有了很大的变化。上次来的时候，污染很严重，河水发臭，河里的鱼被毒死了，空气也不好，绿地很少，路两边的树被砍倒了。这次来，河水变清了，河里又有鱼了，天比以前蓝了，地比以前绿了。另外，他还发现，马路比以前干净了，交通也比以前方便了，商店里更热闹了，服务员更客气了。人们穿得比以前更漂亮了。这些都让他觉得高兴。不过，他也看到，高楼造得越来越多了，汽车开得越来越慢了，孩子变得越来越胖了。这些不能不让他有点儿担心。

回答问题

Answer the questions.

1. 这个城市的环境有什么变化？

What are the changes that have occurred in the city in terms of the environment?

2. 杰克为什么觉得高兴？

Why is Jack happy?

3. 杰克为什么有点儿担心？

What causes Jack to worry?

Unit
12

練習五

Write a short paragraph about the luckiest event or the worst situation that you have ever experienced.

Supplementary Words

收	(V.)	shōu	to receive
人民币		Rénmínbì	the official name of Chinese currency
人民	(N.)	rénmín	people
臭	(Adj.)	chòu	smelly, foul
蓝	(Adj.)	lán	blue
绿	(Adj.)	lǜ	green
另外	(Pron., Adv.)	lìngwài	what's more; as well
服务员	(N.)	fúwùyuán	waiter
造	(V.)	zào	to build
胖	(Adj.)	pàng	fat, chubby, plump

Liànxí Cānkǎo Dá'àn
练习参考答案
Key to Exercises

Unit 1

I.3. (1) 办　(2) 拍　(3) 登　(4) 熟悉

　　(5) 张　(6) 件　(7) 个　(8) 只

I.4. (1) 没在那儿吃过　(2) 没学过

　　(3) 没给我打过电话　没给我发过电子
邮件

I.5. (1) 会(说汉语) 了

　　(2) 贵了

　　(3) 不爱(她) 了

　　(4) 有(地铁) 了

I.6. (1) 我现在不喜欢它了。

　　(2) 我(以前) 没去过那儿。/那儿我(以前) 没去过。

　　(3) 听说他下个月要去北京(了)。

　　(4) 要是我有时间(的话)，我(就) 跟你一起去。

　　(5) 有的(人) 喜欢养狗，有的喜欢养鸟，有的喜欢养鱼。

II. (1) A　(2) C　(3) A　(4) C　(5) B

　　(6) A　(7) C　(8) B

Unit 2

I.3. (1) 干净　(2) 着急　(3) 疼　(4) 舒服

　　(5) 新鲜

I.4. (1) 他肯定已经起床了。

　　(2) 我还没说完。

(3) 你是不是在进出口公司工作？

(4) 他每天在学校旁边的饭店吃晚饭。

(5) 我昨天给我朋友打了一个电话。/昨天我给我朋友打了一个电话。

I.5. (1) 他 (现在) 正在吃早饭。

　　(2) 昨天我买了一件红衬衫。/我昨天买了一件红衬衫。

　　(3) 公共汽车还没来。

　　(4) 我每天六点钟起床。

　　(5) 她有点儿不舒服。

II.　(1) A　(2) C　(3) C　(4) B　(5) B

　　(6) A　(7) C

Unit 3

I.3. (1) 不错　(2) 先　(3) 拿　(4) 会

　　(5) 恐怕　(6) 应该

I.4. (1) 了　的　的

　　(2) 了　了　的　的

I.5. (1) 他去过的地方很多。

　　(2) 他在北京拍的照片很有意思。

　　(3) 你吃的东西是不是不干净？

　　(4) 昨天我们去的地方很远。

I.6. (参考答案)

　　(1) 这是一张照片。

　　这是我的一张照片。

　　这是我拍的一张照片。

这是我在北京的时候拍的一张照片。

(2) 我朋友明天要来看我。

我的一位老朋友明天要来看我。

我的一位在北京工作的老朋友明天要来看我。

我的一位在北京工作的姓张的老朋友明天要来看我。

I.7. (1) 你什么时候回来?

(2) 你以前没去过中国, 是吗?

是啊, 没去过。

(3) 这些照片都是我在中国时拍的。

(4) 他们对中国文化很感兴趣。

(5) 你能把你昨天新买的那张地图借给我吗?

II. (1) A (2) A (3) C (4) B

(5) C (6) B (7) A (8) A

Unit 4

I.3. (1) 见 (2) 送 (3) 祝 (4) 属

(5) 回答 (6) 得 (7) 的 (8) 得

(9) 的

I.4. (1) 他们玩得很高兴。

(2) 我每天都睡得比较晚。

(3) 生意越好, 老板就越高兴。

(4) 工作做得越多, 钱就拿得越多。

I.5. (1) 今天你穿得真漂亮。

(2) 她唱歌唱得很好听。/她唱得很好。

(3) 现在东西越来越贵了。

(4) 祝你生日快乐!

(5) 这是我给你的一件小礼物。

II. (1) B (2) B (3) C (4) C (5) B

(6) A (7) B

Unit 5

I.3. (1) 滑 (2) 下 (3) 刮 (4) 来

(5) 大概 (6) 左右

I.4. (1) 今天比昨天热一点儿。/昨天比今天凉快一点儿。

(2) 我们班学生比你们班多。/你们班学生比我们班少。

(3) 小张比小王大两岁。/小王比小张小两岁。

(4) 小张比小王高三厘米。/小王比小张矮三厘米。

(5) 小张比小王胖得多。/小王比小张瘦得多。

I.5. (1) 今天很热。

(2) 他没有你高。

(3) 我家乡的夏天比这儿凉快得多。

(4) 这件衣服跟那件一样大。

(5) 你最喜欢哪(一) 个季节?

II. (1) C (2) C (3) C (4) B (5) C

(6) C (7) C

Unit 6

I.3. (1) 新鲜 优美 (2) 方便 (3) 热闹

(4) 离 (5) 从 (6) 到 (7) 给 (8) 对

(9) 往

I.4. (1) 小楼后面是一个车库。

(2) 我家在美国西部。

(3) 院子里有很多树和花儿。

(4) 他现在可能还在睡觉。/现在他可能还在睡觉。

(5) 他对我们很客气。/我们对他很客气。

I.5. (1) 我家北面是/有一个山，南面是/有一条河。

(2) 你家离海远吗？

(3) 我家东面和西面有很多商店，还有很多饭店。

(4) 我每天开车去学校，大概需要半个小时。

(5) 这件礼物是为你买的。

II. (1) C (2) A (3) C (4) C (5) A

(6) B (7) B

Unit 7

I.3. 一年   三天

一个月   两个星期

一年半   半天

两个半月   半个星期

半(个)小时   25分钟

I.4. (1) B (2) B (3) B (4) B (5) B

I.5. (1) 你学了多长时间(的)汉语了？

(2) 你能不能再说一遍？

(3) 昨天的考试不难。

(4) 请你说得慢一点儿。

(5) 那儿我去过很多次。/ 我去过那儿很多次。

II. (1) C (2) A (3) C (4) B (5) C

(6) A (7) B

Unit 8

I.3. (1) 参加 (2) 参观 (3) 发生 (4) 打算

(5) 安排 (6) 打算 (7) 倒 (8) 破

(9) 坏 (10) 伤 (11) 疼

I.4. (1) 谈到 (2) 买到 (3) 写错 (4) 打错

(5) 吃坏 (6) 摔倒

I.5. (1) 戴着 穿着 拿着 (2) 坐着

(3) 开着

I.6. (1) 星期二的火车票都卖完了。

(2) 买到票以后请给我们发一个传真，告诉我们你的航班。

(3) 你骑车的时候没看见她在过马路吗？

(4) 他骑得很快，右手还拿着东西。

(5) 我们什么时候能学完这本课本？

II. 1. C 2. A 3. B 4. A 5. B 6. B

7. C

Unit 9

I.3. (1) 锻炼 (2) 练习 (3) 租 (4) 租

(5) 发 (6) 送

I.4. (1) 出……去 (2) 来 (3) 去 (4) 出来

(5) 上……去

I.5. (参考答案)

(1) 我一有空就出去打工。

(2) 我一上完课就回家。

(3) 他一回来就看电视。

(4) 他一回来，我就告诉他。

(5) 一放假，我们就去旅行。

I.6. (1) 要是你想租的话，现在就可以搬进去。

(2) 每天上楼下楼，太累了！

(3) 这个合同我们可以带回去看一看吗？

(4) 我一买到票就给你发传真。

(5) 师傅说空调太旧了，不能修了。

Unit 10

I. 3. (1) 注意　(2) 教　教　(3) 赶
　　(4) 爬　爬　(5) 跑　(6) 的　(7) 的
　　(8) 得　(9) 地　(10) 得

I. 4. (1) B　(2) B　(3) C　(4) A

I. 5. (1) 你可能听不懂，但是你一定看得懂。
　　(2) 看来我爬不到山顶了。
　　(3) 报纸上说他们都很有名。
　　(4) 这个问题太容易了。连孩子也能回答。

II.　(1) B　(2) A　(3) B　(4) A　(5) A
　　(6) B　(7) A

Unit 11

I. 3. (1) 记得　(2) 记　(3) 记住　(4) 刚才
　　(5) 刚　(6) 刚　(7) 顿　(8) 本　(9) 张
　　(10) 遍

I. 4. (参考答案)
　　(1) 送给女朋友
　　(2) 放在楼下
　　(3) 放在卫生间

　　(4) 停到车库里去

I. 5. (1) 我把钱包放在座位上了。
　　(2) 我把钱包忘在车上了。
　　(3) 他把房间租给了一个外国人。
　　(4) 咱们把洗衣机搬到卫生间去吧。
　　(5) 刚才我们下车的时候，是我付的钱。

II.　(1) A　(2) A　(3) B　(4) C　(5) C
　　(6) B　(7) A

Unit 12

I. 3. (1) 换　(2) 变　(3) 送　(4) 打　(5) 发

I. 4. (1) B　(2) A　(3) A　(4) A

I. 5. (1) 自行车被人偷走了。
　　(2) 电脑坏了。
　　(3) 我骑得太快，没注意红绿灯，差点儿被车撞了一下。
　　(4) 这些树是一年前栽的，对吗?
　　(5) 那些旧房子早就（被）拆掉了。

II.　(1) A　(2) C　(3) C　(4) B　(5) B
　　(6) A　(7) B

责任编辑：杨　晗
英文编辑：张　乐　薛彧威
封面设计：Daniel Gutierrez

图书在版编目（CIP）数据

《当代中文》练习册 . 2：汉英对照 / 吴中伟主编 . -- 修订本 . -- 北京：华语教学出版社，
2014.7
　　ISBN 978-7-5138-0732-6

　　Ⅰ . ①当… Ⅱ . ①吴… Ⅲ . ①汉语 – 对外汉语教学 – 习题集 Ⅳ . ① H195.4

中国版本图书馆 CIP 数据核字 (2014) 第 155016 号

《当代中文》修订版
练习册
2
主编　吴中伟
*
© 孔子学院总部 / 汉办
华语教学出版社有限责任公司出版
（中国北京百万庄大街 24 号　邮政编码 100037）
电话：(86)10-68320585, 68997826
传真：(86)10-68997826, 68326333
网址：www.sinolingua.com.cn
电子信箱：hyjx@sinolingua.com.cn
新浪微博地址：http://weibo.com/sinolinguavip
北京中科印刷有限公司印刷
2003 年（16 开）第 1 版
2014 年（16 开）修订版
2017 年修订版第 3 次印刷
（汉英）
ISBN 978-7-5138-0732-6
定价：22.00 元